VOYAGE DANS LE MAROC OCCIDENTAL

DU SOUS A TANGER

CONFÉRENCE FAITE PAR

M. et Mme J. LADREIT DE LACHARRIÈRE

A LA SOCIÉTÉ NORMANDE DE GÉOGRAPHIE LE 11 MARS 1912

ROUEN
IMPRIMERIE E. CAGNIARD (LÉON GY, SUCCESSEUR)
Rues Jeanne-Darc, 88, et des Basnage, 5

1912

VOYAGE DANS LE MAROC OCCIDENTAL

DU SOUS A TANGER

CONFÉRENCE FAITE PAR

M. et Mme J. LADREIT DE LACHARRIÈRE

A LA SOCIÉTÉ NORMANDE DE GÉOGRAPHIE LE 11 MARS 1912

ROUEN

IMPRIMERIE E. CAGNIARD (LÉON GY, SUCCESSEUR)

Rues Jeanne-Darc, 88, et des Basnage, 5

—

1912

Extrait du Bulletin de la Société normande de Géographie

(2e Cahier de 1912 — pp. 71-96)

Séance publique ordinaire du lundi 11 mars 1912

Présidence de M. ALBERT FAROULT, président

DU SOUS A TANGER

VOYAGE DANS LE MAROC OCCIDENTAL

Conférence de M. et Mme J. LADREIT DE LACHARRIÈRE

ALLOCUTION DU PRÉSIDENT

MESDAMES, MESSIEURS,

J'ai le plaisir d'inaugurer ce soir un genre tout à fait inédit : la conférence en partie double.

Quand je priai M. Jacques Ladreit de Lacharrière, le distingué licencié d'histoire et de géographie, auteur d'études très documentées sur le rôle politique de Châteaubriand, de nous faire la relation de la mission qu'il entreprit dans le Sous africain, sous le patronage du Ministère de l'Instruction publique, de la Société de Géographie de Paris et du Comité du Maroc, dont il est le dévoué secrétaire, il me sembla qu'il serait extrêmement intéressant d'entendre, après le récit de l'explorateur, les impressions personnelles ressenties dans ces merveilleuses contrées par celle qui, en bonne française, n'avait songé à reculer ni devant les fatigues ni devant les dangers, et avait voulu demeurer sa compagne d'aventures, étant sa compagne d'existence.

Mais Mme de Lacharrière prétexta sa timidité et m'opposa très courtoisement la fin de non recevoir avec laquelle elle avait accueilli jusqu'ici les demandes similaires.

J'avoue que je me piquai légèrement de ce refus qui me paraissait quelque peu pénible pour vous tous, Mesdames et Messieurs. Je trouvais humiliant, en effet, de songer que le public de la Société normande de Géographie pût effrayer à ce point la femme qui passa plusieurs mois au milieu des Maures, Touaregs, Nègres, Berbères, Aïssaouahs et autres Marocains.

Je me permis donc d'insister et fus assez heureux pour faire revenir Mme de Lacharrière sur sa décision première, en lui donnant l'assurance que tous ceux qui ont, à l'étranger, risqué leur vie pour la France trouvent ici le meilleur accueil,

N'est-il pas vrai, Mesdames ?

Et que la femme française qui a voulu être le rayon de soleil dans la tempête, le réconfort et l'appui de l'explorateur, sera accueillie chez nous avec la sympathie qui lui est due,

N'est-il pas vrai, Messieurs ?

CONFÉRENCE de M. J. LADREIT DE LACHARRIÈRE

MESDAMES, MESSIEURS,

La Société normande de Géographie nous a demandé de vous entretenir du Maroc, et par une attention très délicate, elle a voulu qu'associée aux difficultés du voyage ma femme fut associée aussi à l'honneur de cette réception. Qu'il me soit permis de remercier le Président de votre Société, les Membres de son bureau, et vous tous, de la charmante pensée qui vous a poussé à maintenir notre collaboration.

Sans vouloir faire un jugement téméraire, je crois me douter que votre curiosité est plus attirée vers la conférencière, que vers le conférencier, ce qui est naturel en somme; aussi serai-je très bref dans l'exposé que je voudrais vous faire des grandes lignes de notre voyage et de la situation économique du Maroc Occidental.

Parti de Casablanca au mois de mars 1911, nous avons gagné Marrakech, la capitale du sud marocain, en traversant le pays Chaouïa, et la Bahira, vaste plaine qui s'étend entre l'Oued Oum-er-Rebia et les Djebilets, avant-monts de l'Atlas. A Marrakech, notre séjour s'est prolongé quelque peu, d'une part, en raison du mauvais temps et des pluies torrentielles, d'autre part à cause de la nécessité de préparer notre route. En effet, les voyages au Maroc, même dans les pays peu pénétrés par les européens, sont relativement faciles à la condition de ne rien faire à l'improviste. Aussi doit-on, avant toute chose, se munir de lettres d'introduction, émanées de personnages importants et destinées aux chefs des différents territoires qu'il faudra traverser. Les Rekkas, courriers qui portent ces lettres, servent aussi d'agents de renseignements ; ils rapportent des détails sur la viabilité des routes et les dispositions des gens. Enfin la caravanne recrutée, il faut encore se procurer un zettat, grâce auquel le maximum des garanties de sécurité est assurée au voyageur. Pour toutes ces opérations préliminaires, nous avons été puissamment aidés par le concours si empressé et si dévoué de M. Maigret, vice-consul de France à Marrakech.

Au milieu d'avril nous nous mettions en route, pour gagner le Sous. Nous remontions la vallée de l'Oued Nfis, jusqu'à la kasbah de Si Taïeb el Goundafi, important seigneur du Haut-Atlas, puis, par la vallée de l'Oued Agoundis, le col du Telat-Néoulaoun, la vallée de l'Oued Ouncïn, nous traversions l'Atlas après avoir passé à une altitude de plus de 1,900 mètres où nous surprit une tempête de neige.

Parvenus sur les bords de l'Oued Sous, qui coule dans une large vallée en partie couverte d'arbres, nous nous reposions à Aoulouz chez le caïd Larbi Derdouri, puis arrivions chez le caïd des Menahbah, enfin à Taroudant, capitale du Sous, où nous attendait quelques difficultés. De retour chez le caïd des Menahbah, nous recevions la nouvelle de la marche des troupes françaises sur Fez, et l'ordre sous forme de conseil pressant que nous donnait le Consul de France à Marrakech de revenir dans cette ville. Nous nous remettions donc en route le 1er mai, franchissions l'Atlas par le col du Djebel-Ouichedan pour rentrer à Marrakech par le Goundafi et la vallée de l'Oued Reraïa.

Bientôt nous rentrions en Chaouïa où nous passions le mois de juin à parcourir de nouveau le pays. Puis nous nous dirigions sur Rabat avec l'espoir non déçu d'aller à Fez. Au bout d'un mois, après avoir été successivement les hôtes très gâtés des colonnes Ditte, Gouraud, Dalbiez, nous entrions à Fez où nous attendait l'accueil si cordial de M. Gaillard. Puis à la fin d'août nous étions à Tanger d'où nous regagnions Marseille. Tel fut notre *curriculum vitae* pendant ces six mois de vie exquise dans le bled Mogrébin.

Au point de vue économique, ce qui m'a frappé, c'est presque partout la richesse du pays. Certes les régions que nous avons traversées sont loin d'être mises en valeur comme elles pourraient l'être. Nombre d'espaces restent incultes faute d'irrigations suffisantes, faute aussi de sécurité; les habitants découragés par les pillages ou les exactions continuelles se bornent à produire ce qui leur est indispensable. Mais, lorsque la paix française se sera installée sur ces contrées, la richesse du sol les incitera à un travail plus rémunérateur. Dans ce Maroc Occidental, les conditions climatériques, la nature du sol, le régime hydrologique, se prêtent admirablement, non pas seulement à la culture des céréales qui déjà réussit fort bien, ou à l'extension de l'élevage, mais aussi à l'introduction de cultures plus riches, comme le coton, dont quelques essais ont donné d'excellents résulats. Peut-être, au Sous par exemple, pourra-t-on créer des champs de cannes à sucre; à coup sûr le murier et partant l'élevage des vers à soie seraient assurés d'un succès certain. Au point de vue industriel le pays est vierge. Seuls quelques établissements fonctionnent sur la côte, mais tout est à faire dans les villes de l'intérieur : minoteries, moulin à huile, tanneries, etc., etc. Je ne dirai rien de l'exploitation des richesses minières, car l'étude des gisements est encore trop peu avancée, et il faut, pour que ce genre d'affaire donnent des résultats rémunérateurs, que les moyens de communications soient créés ou améliorés.

Aussi, dès maintenant, est-ce vers le commerce que doivent se tourner les initiatives françaises qui n'entendent point se consacrer à l'agriculture. S'il existe déjà des comptoirs et des sociétés prospères au Maroc, établis surtout dans les ports ouverts, il y a place à côté d'elles, principalemant dans les villes de l'intérieur, pour des entreprises nouvelles. D'ailleurs les résultats sont encourageants pour le commerce français. En 1910, sur un chiffre total de 120 millions, la part du Commerce de la France s'élève à 55 millions, devançant l'Angleterre qui atteint le chiffre de 32 millions, et l'Allemagne qui ne dépasse pas 17 millions. Quant au commerce espagnol, sans doute pour appuyer les fameux « droits » de cette nation sur le Magreb, il se traîne péniblement jusqu'à la somme de 10 millions.

Depuis quelques mois, la France a obtenu enfin le protectorat marocain. Nos admirables troupes guidées par l'expérience de nos officiers et de nos administrateurs rendra ce protectorat effectif. Leur bravoure, leur abnégation surmontera toutes les difficultés, et il y en a; mais cela ne suffit pas, il faut que le pays tout entier collabore à cette œuvre; quoiqu'on en dise le Français est colonisateur : l'Algérie, la Tunisie, l'Afrique Occidentale ne le prouvent-elles pas. Il faut que commerçants, agriculteurs, industriels, dépensent leur initiative à mettre en valeur ce pays qui renferme tant de richesses encore ignorées.

L'expérience faite en Chaouïa, depuis 1907, montre le résultat qu'on peut attendre d'une activité prudente au Maroc. Cette région hier désolée, se couvre de moissons, depuis qu'à l'ombre de nos trois couleurs y règne la paix bienfaisante. Et le développement frappant de cette contrée est la preuve indéniable du succès de nos efforts, comme elle est le gage de nos espérances pour l'avenir. La France se doit à elle même de régénérer le Maroc, comme elle a régénéré l'Algérie et la Tunisie, et d'en faire ce qu'il doit être, ce qu'il peut être, la perle de notre domaine nord africain.

CONFÉRENCE de Mme J. LADREIT DE LACHARRIÈRE

MESDAMES, MESSIEURS,

Vous me voyez très émue de parler devant vous; c'est en effet la première fois que pareille aventure m'arrive et c'est certainement, dans tout le voyage, l'épisode qui m'a le plus impressionnée.

Quand la Société normande de Géographie m'a demandé de venir égrener devant vous quelques souvenirs du Bled, j'ai été en proie à la lutte de deux sentiments ; d'un côté, j'étais très flattée que le peu que j'ai fait soit arrivé aux oreilles de votre Société; de l'autre, j'étais très angoissée d'avoir à vous exposer un récit de voyage relativement facile ; et si j'insiste sur cette émotion, c'est afin de solliciter, pour ce début, toute votre indulgence.

Le voyage que nous avons fait est des plus intéressants, plein du charme de la vie si large, si indépendante qu'on y mène, et aussi de la variété des pays parcourus, comme vous pourrez en juger tout à l'heure.

Au fond, le plus difficile dans un voyage pareil est de former sa caravanne et de la mettre en mouvement; une fois partis, on a plus qu'à aller tout droit, à « marcher la route ». Le confortable est peut-être insuffisant, mais combien de choses semblent nécessaires en France, dont on se passe fort bien là-bas, et qui de loin paraissent n'avoir été inventées que pour compliquer l'existence.

Les femmes, à qui j'allais rendre visite, me plaignaient de mener cette vie lamentable, d'être à cheval à peu près toute la journée, et, à les en croire, on voyait bien que ce vagabondage me rendait anémique ; mes mains étaient trop blanches ; et elles me montraient avec complaisance leurs pattes marrons et leurs formes rebondies !

Les hommes me considéraient avec étonnement : ils n'en revenaient pas de me voir galoper à leur côté. Un jour comme je chassais avec un officier, j'eu la chance de tuer une petite outarde. Un indigène qui passait, se précipita pour ramasser le gibier, mais fut devancé par notre chien, et le marocain ahuri nous dit : « Quel pays est le vôtre ! les femmes tuent le gibier et les chiens vous l'apportent ! » En effet leur chien de chasse, le slougui, court après la proie et, lorsqu'il la tient, ne veut plus la lâcher ; et une lutte s'engage entre l'indigène et la bête. Aussi nos chiens jouissent-ils d'une grande considération ; on les appelle tous sans distinction de races : slougui, chiens nobles, qu'on ne maltraite pas, qu'on nourrit et qui ont le droit d'entrer dans l'habitation..

Vous avez vu l'itinéraire de notre voyage ; comme vous pouvez en juger, les difficultés sont surtout des difficultés de route, car avec un peu de connaissance des mœurs locales, on arrive toujours à s'entendre avec les indigènes du pays.

Je n'ai pas la prétention de vous faire ici un exposé scientifique, je voudrais seulement vous indiquer les caractéristiques du Maroc, de ses habitants et de ses mœurs ; pour cela on va faire défiler devant vous, un certain nombre de projections, grâce auxquelles vous pourrez connaître le pays et y suivre les efforts que tentent là-bas les bons champions de la cause française.

Pour voyager au Maroc il n'y a pas encore de chemin de fer, on est obligé de former une caravane, les tentes, les lits, les cantines et les provisions sont empilés dans les chouaris, sorte de grands paniers portés par les mules ; les muletiers voyagent perchés entre les colis ; à cheval le Zettat notre passeport vivant et notre guide, qui d'ailleurs ne connaissait pas la route ; enfin la caravane était complétée par une jeune slougia qui m'avait été donnée par un kaïd du Sous, et qui faisait la route moitié en gambadant près de mon cheval et moitié aussi près de son ami, un serviteur qui par extraordinaire savait écrire, et que ses compagnons vénéraient en l'appelant : le fqih, le savant. Nos indigènes nous ont suivis pendant les six mois de voyage ; ils nous étaient dévoués, peut être pas jusqu'à la mort, mais il y a des choses qu'il faut mieux éviter de demander aux gens !

Sur la piste nous rencontrions souvent des caravanes, qui parfois comprenaient des voyageuses. En route, la marocaine est assise entre les charges d'une mule, entortillée du slam et d'un haïk la cachant complètement, c'est à peine si les yeux sont visibles; quelle chaleur doit-il faire sous cet amas de laine, par le soleil torride. Ces caravanes sont les trains de

(CLICHÉ DE L'ACTION AFRICAINE)

Marrakech — Rue couverte.

marchandises du Mogreb; moyen de transport plus lent que l'Ouest-Etat lui-même, tout aussi sûr, mais plus coûteux peut-être. Chaque bête porte de 150 à 200 kilos. Le long du chemin, des paysannes vêtues de cotonnade blanche, la tête entourée de foulards jadis éclatants, venaient me regarder curieusement, ou me demander des médicaments; car les européens, comme chacun sait, étant bien avec les djnouns, les diables, connaissent par l'entremise de ces esprits des remèdes merveilleux. Dans les campagnes, les femmes sont toujours à visages découverts, mais quand elles voient un chrétien, elles font le mouvement de se cacher la figure avec un coin de leur vêtement.

(CLICHÉ DE L'ACTION AFRICAINE)

Marrakech — Murailles.

Les demeures sont groupées en village, appelé douar, composé de tentes faites en poils de chèvres, qui dénote un douar de nomades, ou de semi-nomades et à côté desquelles s'élèvent des constructions qu'on pourrait prendre pour des meules de paille : ce sont des nouala, le type d'habitation le plus répandu. Elles ressemblent aux huttes des noirs de l'Afrique Occidentale, et montre qu'une partie des habitants sont sédentaires; pourtant on les déménage avec facilité; on rencontre quelquefois une de ces huttes perchée sur un chameau, et rien n'est plus amusant que de voir cette nouala... sur pilotis se mouvoir lentement. Une Zeriba, clôture en jujubiers épineux, défend le village contre les attaques du dehors. Nous nous arrêtions souvent près de ces douars, au moment de déjeuner; les femmes nous offraient des œufs et du lait aigre de couleur indécise. Des amis indigènes, qui ont voyagé un moment avec nous, s'accroupissaient sur un tapis, ayant eu soin d'enlever leurs belghas, leurs babouches ; les taggins, les méchouis sont apportés dans un grand plateau en bois et chacun après avoir prononcé l'invocation usuelle : « Bismillah, au nom de Dieu » arrache un morceau de viande ou fait des boulettes avec le couscous, toujours en se servant exclusivement de la main droite. Fourchettes et couteaux sont un luxe inconnu : lorsqu'un morceau est trop gros, un voisin aimable vous aide, en tirant de son côté, à déchirer la part. Le repas était complété par du thé à la menthe qui est la boisson nationale.

Après avoir traversé les Chaouïa et une longue et monotone plaine, la Bahira, nous arrivions devant Marrakech. La ville est entourée de hautes murailles, comme toute ville marocaine ; de loin ces murs semblent formidables. Ils offrent, lorsqu'on approche, l'aspect de ruines, car ils sont construits en toub, terre séchée au soleil. Toute la ville est d'ailleurs bâtie de la même façon et la couleur rougeâtre des matériaux lui donne un curieux aspect.

A l'horizon, se dresse la muraille de l'Atlas avec ses sommets couverts de neige, et rien n'est plus inattendu que le contraste de cette ville saharienne entourée d'une palmeraie, se détachant sur le rideau neigeux des montagnes.

Dans les rues de la ville, se presse une foule dense ; les riches portent du haïk, c'est une sorte de long châle, en laine blanche très fine, dans lequel ils se drapent ; ils circulent sur des mules, car la nature apathique de tout bon marocain se complaît davantage à l'amble de la mule qu'au pas du cheval, et la bonne éducation indigène veut que les personnages aillent ainsi sur une monture harnachée de laine rouge ; marcher à pied est le fait de pauvres gens.

Si les femmes de la campagne sont très simplement mises, les citadines possèdent de plus beaux atours ; elles sont vêtues du caftan, robe de couleur vive en soie brochée ou en drap, recouvert d'une tchamir blanche en linon brodé ; des foulards de soie couvrent leur tête, cachant tout à fait les cheveux et ornés parfois d'un diadème de pièces d'or ; des colliers de corail ou de boules d'or, souvent un khamsa (bijou contre le mauvais œil) complètent leurs parures ; elles filent la laine à l'aide d'un petit fuseau de bois coloré qu'elles font tourner adroitement entre leurs doigts et, cloîtrée selon la coutume musulmane, elles passe leur temps à se parer et à grignoter des friandises.

(CLICHÉ DU COMITÉ DU MAROC)

Femmes marocaines.

Les vêtements des élégantes sont faits par des ouvriers qu'on voit accroupis sur des tapis dans la rue et qui ne sont autres que les grands couturiers de Marrakech : leurs loyers doivent être moins élevés que ceux de la rue de la Paix ; leurs « fournitures » sont aussi plus économiques ; les modes sont toujours les mêmes, pourtant les jeunes élégantes ont depuis peu révolutionné les harems en abandonnant la haute ceinture (partant des hanches à la poitrine et qui, longues de six à huit mètres, les empêchaient de remuer) pour des ceintures en cuir brodé, de deux à trois doigts de hauteur et se terminant par une boucle d'argent. Le grand chic est de porter latchamirt très courte derrière. Quant aux marocains élégants, ils sont vêtus du caftan rayé noir et blanc, ce qui est le dernier cri ; il n'y a pas qu'à Paris qu'on se préoccupe de la mode. Des petits enfants aident le maître tailleur en lui présentant les soies qui doivent orner les djellaba et,

(CLICHÉ DE L'ACTION AFRICAINE)

Marrakech — Un coin du souk sur la place Djema-el-Fna.

parfois, les clients attendent paisiblement, accroupis sur leurs talons, que le vêtement soit terminé.

En poursuivant notre promenade dans la ville, nous arrivons au souk de Marrakech sur la place Djema-el-Fna ; les vendeurs ont installé des boutiques assez rudimentaires, mais qui les abritent du soleil ; de majestueux vieillards vendent pour quelques centimes, des plats pour le couscous, des vases en terre. Au fond de la place s'élève, la Koutoubia, le seul monument intéressant qui existe à Marrakech. On connaît deux autres exemplaires de cet édifice qui auraient été construits à la même époque : la tour Hassan de Rabat, malheureusement inachevée, et la Giralda de Séville.

(CLICHÉ DE L'ACTION AFRICAINE)

Marrakech — Le Mellah.

Une ville marocaine se compose de trois parties ; la Kasbah, ou le Dar Maghzen, la Médina, quartier des boutiques (la ville marchande), et enfin le Mellah, ou ghetto, exclusivement habité par les juifs. On y accède par une seule porte que l'on ferme au coucher du soleil. Les juifs doivent porter un costume spécial, la lévite noire, des babouches et une calotte en feutre de la même teinte. Au mellah aussi de petites cases forment des boutiques peu luxueuses et des vendeurs moins fortunés ont installé leurs marchandises en plein vent et surtout en pleine poussière.

Un des charmes des maisons marocaines sont les jardins qui les ornent, un des plus beaux est celui du futur hôpital français de Marrakech; les arbres sont superbes et près de la maison je me souviens d'une treille de vigne aux grappes énormes. Au centre des jardins se trouve une citerne d'où partent des allées dallées, surélevées afin qu'on puisse se promener à pied sec pendant qu'on irrigue les plantations. Des fleurs poussent dans tous les coins, des géraniums géants, des roses au parfum exquis avec lesquelles les indigènes font des odeurs, des arbres fruitiers. Les maisons des riches personnages ont toutes de ces riadh où l'on est heureux de se reposer en sortant du brouhaha et de la poussière de la rue.

(CLICHÉ DE L'ACTION AFRICAINE)

Patio du Consulat de France à Marrakech.

Pendant nos séjours dans la capitale du Sud, nous sommes entrés en relations avec quelques notables, entre autres avec le pacha de Marrakech, el Hadj Thami Glaoui, le frère de l'ancien grand vizir, destitué par le Sultan après l'entrée de nos troupes à Fez. C'est un type de berbère assez fin, élégant; il est vêtu tout de laine blanche, et porte des deux côtés de la tête des nouaders, mèches de cheveux, qui caractérisent le guerrier. Il est servi par une multitude d'esclaves, car l'esclavage existe au Maroc; nous avons eu l'occasion d'assister à une vente aux enchères; l'impression que l'on rapporte de ces marchandages de chair humaine est des plus pénible.

Le pacha habite une maison élégante; il a dépensé beaucoup d'argent pour les mosaïques aux dessins variés dont, à grands frais, il a orné les murs et les colonnes; les portes sont en bois, joliment coloré, et elles ont ceci de particulier dans tout le Maroc, qu'elles s'ouvrent extérieurement; le sol est dallé de marbre noir et blanc.

A l'occasion du Mouloud (qui est le Noël marocain, l'anniversaire de naissance du prophète Mohamed) ont lieu des fantasia. Ce jeu de la poudre se donnent sur la place Djema-el-Fna, au milieu d'une nombreuse assistance qui admirent les coureurs. En ligne, à un signal, les cavaliers partent au petit galop, puis accélèrent l'allure, faisant des moulinets avec leur long moukala et tirent en arrière. Quelques fois des balles restent dans le fusil et, par le plus grand des hasards (!) touche un ennemi; ce sont des petits accidents qui arrivent souvent..... Une autre ligne de cavaliers repart et ainsi de suite; cela devient à la longue un peu monotone, mais toutefois on ne se lasse pas de regarder les riches vêtements, aux coloris vifs, et les chevaux carapaçonnés de soies éclatantes brodées d'or.

En quittant Marrakech, vers le sud, notre première étape nous amène à la Kasbah de Si Omar Sektani, notre ennemi d'hier, notre ami aujourd'hui; il commandait en effet une mehalla qui combattit contre nos troupes pendant la campagne de 1908 en Chaouïa; maintenant la réconciliation est faite. La Kasbah est flanquée de quatre tours lui donnant l'aspect d'un château féodal, avec le clocher à droite, qui n'est autre que le minaret de la mosquée. Un bois d'oliviers touffus lui fait une ceinture de verdure.

Ces oliviers, dont la bande couvre un large espace, au pied de l'Atlas, nous procuraient des haltes agréables; les indigènes des villages nous apportaient du couscous, sorte de semoule, accomodée de beurre plus ou moins rance; quelquefois le porteur tenait à la main un fusil. Il n'avait pas d'intention agressive, mais, de même qu'il est de bon ton ici de sortir avec une canne, de même là-bas tout indigène, qui se respecte, ne va jamais se promener sans son moukala.

Bientôt nous entrions dans la vallée encaissée de l'Oued Nfis ; toutes les voies d'accès du Haut Atlas suivent des coupures semblables, qu'il faut emprunter pour franchir le massif. La route, dans sa plus grande largeur, n'atteignait que 1 mètre à 1 m. 50, ce qui était raisonnable; mais par endroits elle n'était plus que de 40 centimètres, quelquefois moins ! et lorsqu'on rencontrait, venant en sens inverse, des mules chargées, aller de l'avant devenait un problème : l'un reculait, l'autre avançait jusqu'à ce qu'on

(CLICHÉ DU COMITÉ DU MAROC)

Vallée de l'Oued Nfis (Haut Atlas).

puisse avec efforts, et jamais sans risques, se croiser ; en effet d'un côté la muraille tombe à pic sur le sentier et de l'autre côté c'est le torrent, le gave, coulant à 2 ou 300 mètres de profondeur !

Il n'y a pas de pont au Maroc, tout au moins dans l'Atlas. On traverse donc les oueds à gué. Si on s'écarte tant soit peu de ces gués, on part à la dérive, comme cela est arrivé un jour à un de nos muletiers ; sa monture avait perdu pied, bête et cavalier s'en allaient déjà au fil de l'eau, mais aux cris de l'homme on se précipite, on le repêche, puis non sans mal on ramène la bête au rivage : la charge de cet animal était particulièrement précieuse, car elle contenait nos lits; aussi quelle dure perspective, si nous n'avions pas pu les rattraper, de coucher par terre pendant six mois !

En suivant la vallée de l'Oued Nfis, nous arrivâmes au Goundafi ; au bord de l'oued, la Kasbah du kaïd, entourée de murs, dans laquelle habitent, comme au moyen âge, les amis, les serviteurs du seigneur ; autour de laquelle se pressent les maisons de paysans avec un four commun. En cas d'attaque sérieuse, les assiégés se refugient dans la Kasbah (perchée sur un mamelon), nommée Agadir Djida « la nouvelle », où l'on a entassé des provisions, car il faut remarquer que le mot Agadir, en berbère, signifie forteresse : l'Agadir dont on a tant parlé s'appelle en réalité : Agadir Nirir, la forteresse du genou, car à cet endroit le rivage décrit une courbe.

Dans la vallée, des champs de blé et des oliviers; nous sommes cependant à 1,200 mètres d'altitude.

Il y a plusieurs routes pour aller au Sous, nous avons pris celle qui est la moins fréquentée parce qu'elle est la moins accessible. Nous avons suivi l'Oued Agoundis que nous avons quitté pour franchir le rebord sud de sa vallée ; la montée était pénible, à cause des hautes marches dans le roc ; les indigènes se mettaient à trois ou quatre pour pousser les bêtes et leur donner l'élan nécessaire pour franchir l'obstacle ; d'autrefois c'étaient des dalles inclinées sur lesquelles les mules glissaient des quatre fers et l'on se demandait si la glissade s'arréterait avant le ravin ! Le jour de Pâques de l'an dernier, à dix heures du matin, le soleil dardait et rendait la montée assez dure ; deux heures plus tard nous étions pris dans une tourmente de neige, ce qui était inattendu en Afrique, au mois d'avril ! Nous nous trouvions à ce moment environ à 2,000 mètres d'altitude. Pendant cette rude étape, nous marchâmes neuf heures, sans manger ni boire avec une halte de dix minutes, ayant hâte d'arriver avant la nuit et craignant de nous égarer dans la tourmente. Nous avions été retardés par la chute d'une mule et d'un de nos indigènes, tombés de 20 mètres de haut dans un ravin, dont on put faire sortir sans dommage homme et bête.

Nous avions quitté l'Oued Agoundis à la hauteur d'un coude brusque de sa vallée qui s'enfonce vers le Djebel Tamjourt dont la cime, qui atteint 4,300 mètres d'altitude, est couverte de neige. Heureusement nous parvenions avant la nuit dans la maison habitée par le Cheikh Hamed d'Ouneïn. Les habitations sont pauvres, leurs fenêtres sont étroites, pour des raisons de défense. Les murs sont ornés de dessins naïfs de couleur rougeâtre. Inutile de dire que la pièce qui nous servait de chambre était peu luxueuse, l'escalier était une simple échelle ! Nos bêtes étaient installées dans une pièce du rez-de-chaussée, par crainte des voleurs. Dans un coin un maallem, maître ouvrier, était en train de referer nos mules. A défaut de confortable, un accueil cordial et du thé brûlant nous firent oublier les fatigues de la route.

Tout ce pays montagneux est habité par une race spéciale, les Berbères, parmi lesquels nous comptons quelques amis, notamment le Cheikh de Tagadirt el Bour, type assez fin ; il avait les yeux malades et nous l'avions soigné

(CLICHÉ DU COMITÉ DU MAROC)

Laboureur du Sous.

et même guéri ce qui est plus extraordinaire. Les Berbères ne sont pas très beaux évidemment, leurs traits sont taillés à coups de hache, mais ils sont généralement aimables et accueillants.

Après avoir quitté la montagne nous arrivions dans le Sous ; la vallée est orientée de l'est à l'ouest et l'Oued qui la traverse en assure la fertilité. Les douars sont groupés autour de l'habitation du seigneur de la Kasbah ; les portes sont surmontées d'une tour de garde, comme celle de nos châteaux féodeaux ; en effet dans ce pays où les kaïds sont toujours en lutte les uns avec les autres, des veilleurs sont à leur poste jour et nuit afin de prévenir du moindre mouvement hostile. Dans cette Kasbah habitent parfois 1,500 à 2,000 âmes nourris par le kaïd. En dehors de sa Kasbah, le kaïd fait souvent construire un pavillon où il vient prendre le thé. Un jardin d'orangers l'entoure et chez le kaïd Haïda Oumeiz nous mangions des fruits exquis que des serviteurs nous épluchaient, car nous aurions été peu considérés si nous avions fait la moindre chose par nous-mêmes. Un arbre était notre propriété et nous allions nous asseoir à son ombre en faisant une cure d'oranges; nous avions surnommé cet arbre le Consulat de France; tout autour des vignes, des grenadiers et un champ de luzerne témoignaient de la fertilité du sol.

J'ai pu prendre de très près la photographie d'habitants du Sous pendant qu'ils me regardaient curieusement, n'ayant jamais vu d'européenne, car ils ignorent encore ce qu'est un appareil photographique. Dans la foule, on remarque des types divers; le juif avec ses nouader et sa calotte noire; des petits esclaves nègres; des vieillards drappés du haïk, type d'arabes assez fins; puis les berbères, le crâne rasé, entouré d'un simple cordon de laine. Cette population est fortement teintée de sang noir à cause des nombreux esclaves soudanais importés dans le pays.

Les indigènes nous demandaient des médicaments; le kaïd avait entendu parler des bienfaits de la vaccine et, comme une épidémie de variole sévissait, le kaïd nous pria d'inoculer les enfants; ils criaient à fendre l'âme, surtout un petit esclave nommé Belghir, qui poussait des hurlements; il était persuadé que nous voulions le manger, car le chrétien passe là-bas pour une sorte de croquemitaine; le kaïd le gronda en lui faisant honte de son peu de courage et, comme le sermon ne le calmait pas, il l'injuriait en le traitant de froussard, de chien, de juif! Nous avons vacciné en deux fois 80 enfants.

Désireux de parvenir au but de notre voyage, nous quittions la Kasbah du kaïd el Hadj pour gagner Taroudant. La route était paraît-il coupée par des pillards, nous n'eûmes pas l'honneur de les rencontrer; il y avait bien une mehalla qui guerroyait avec des voisins; on apercevait son camp et l'on entendait des coups de feu, mais nous voyageâmes sans être inquiétés. Si Mohamed el Kabba, le pacha de la ville, passait toutes ses journées sous une hutte, construite sur un monticule de détritus séchés au soleil, et de là il nous montrait la cité à l'aide d'une jumelle donnée par les Allemands afin de mieux voir le paysage. Quant à se promener dans la Mdina marchande, le pacha ne voulait pas en entendre parler, car il craignait de mécontenter les Allemands, qui l'avaient prié de fermer la ville à tous les européens par crainte de la concurrence. Après trois jours de conversations, un peu tumultueuses, nous arrivâmes à nos fins. Taroudant est jolie, entourée de palmiers et d'arbres fruitiers. De grands jardins occupent de larges espaces dans l'enceinte à laquelle ils donnent un aspect coquet et frais qui contraste avec l'habituelle saleté des villes marocaines.

Nous habitions à l'intérieure de la Kasbah, entourée de murs élevés, flanqués de tours crénelées; tout cet appareil de défense est en terre séchée au soleil; mais l'aspect en est assez imposant, surtout pour les pillards qui viennent constamment faire des incursions dans les environs. Devant la porte, sous un arbre, guérite donnée par la nature (qu'ils ont oublié de peindre de la couleur de leur drapeau), des factionnaires prennent le thé accroupis dans une ombre relative.

Dans l'intérieure de la Kasbah, véritable petite ville, s'enchevêtrent les rues; sur les terrasses des maisons, sont des silos aériens, qu'on pourrait prendre pour des ruches, où les indigènes entassent leurs grains; ces silos sont faits en paille tressée, recouverte de terre argileuse qui se cuit au soleil; l'ouverture supérieure, par laquelle on entasse le grain, est fermée par une sorte d'écuelle en terre cuite, cimentée d'argile.

Nous nous reposions de la chaleur torride du pays dans le jardin qui s'étend devant le pavillon où nous habitions et qu'ombrageait une vigne magnifique. Les arbres, couverts d'oranges et de fleurs, donnaient une ombre charmante; des roses, des géraniums poussaient à profusion; la nuit, les veilleurs accroupis sur le chemin de ronde à la crête du mur poussaient des cris stridents, se répondant les uns aux autres et ces appels dans la nuit avaient quelque chose de lugubre. Les Allemands avaient habité ce jardin pendant plusieurs mois; nous trouvions sur le sol des échantillons de minerais qu'on leur avait apportés.

Notre intention était de prolonger notre séjour au Sud de l'Atlas, mais une lettre du Consul de France à Marrakech nous rappelait d'urgence dans cette ville. En effet les nouvelles étaient mauvaises, où plus tôt très bonnes, car elles nous apprenaient la marche des troupes françaises sur Fez, et l'on ne se souciait pas que nous risquions d'être pris comme otages; nous regagnâmes Marrakech sans suivre la même route qu'à l'aller, et en empruntant les gorges de l'oued Réraïa.

Nous avions le grand désir d'aller à Fez, mais à cette époque, juin 1911, on ne pouvait faire la route qu'en suivant une colonne, et la question se posait angoissante pour moi, voudrait-on s'encombrer d'une femme? me laisserait-on passer? En arrivant à Rabat le général Ditte, à qui nous le demandions en tremblant nous reçu d'une façon charmante, nous invitant à le suivre dans sa marche sur Fez; il ouvrait une nouvelle ligne d'étapes en passant par Souk-el-Arba et Meknez. Le chemin suivi jusqu'alors par Mahedïa n'était pas praticable en hiver; c'est pour cela que l'on avait décidé d'essayer celle-ci, en prévision du mauvais temps. Nous partîmes donc... Nous levions le camp avant le jour et c'était un spectacle pour

(CLICHÉ DU COMITÉ DU MAROC)

Souk-el-Arba des Skhours (endroit d'où est partie, en août 1912, la colonne Mangin sur Marrakech)

moi bien passionnant que de faire partie d'une colonne de guerre. En longeant la forêt de Mamora des coups de feu crépitaient accompagnant notre marche, mais, comme le général ne voulait pas engager une action à cause du lourd convoi qu'accompagnait la colonne, les dissidents vinrent à la fin, sous la conduite du capitaine Segnobos, demander l'aman.

Après plusieurs jours de route avec le général Ditte, nous avons rejoint la colonne Moinier qui revenait de Fez, et comme le Commandant en chef ramenait la colonne Ditte à l'arrière, le colonel Gouraud (un ami de Paris retrouvé dans le bled) nous attacha à son état-major; c'est dans son affectueuse compagnie que nous arrivâmes devant Meknez, que l'on pourrait appeler le Versailles du Maroc, construite en grande partie par Moulaï Ismaïl. Ce sultan vivait à l'époque de Louis XIV ; il avait entendu parler du grand roi, et plein d'admiration pour lui, il rêvait de l'imiter. Pour s'allier étroitement à son idole, il envoya au Roi Soleil une ambassade, qui devait demander la main de Mademoiselle de Blois, pour en faire une sultane du Maroc ! On acquiesça pas à son désir, mais des cadeaux, en témoignage de bonne amitié furent échangés.

(CLICHÉ DU COMITÉ DU MAROC)

Oued Nja — En colonne.

Meknez renferme de beaux monuments telle que la porte : Bab Mansour el Hadj ; les proportions en sont harmonieuses ; les sculptures se détachent sur un fond verdâtre du plus heureux effet ; les colonnes sont en marbre surmontées de beaux chapiteaux venant de Volubilis. A gauche se trouve une loggia où vient s'asseoir le Pacha, qui de là regarde pour se distraire le mouvement de la ville.

Dans nos promenades à travers Meknez nous nous arrêtions souvent près d'une fontaine revêtue de mosaïques avec curieux dessins afin de laisser boire nos bêtes, à l'ombre un majestueux figuier. C'était un des coins préférés du colonel Gouraud qui, lorsque son service le permettait, nous accompagnait dans nos randonnées.

Nous avons profité de notre séjour au camp, devant Meknez, pour visiter Volubilis ; ce poste romain destiné à surveiller les indigènes du Djebel Zérhoun est situé à une vingtaine de kilomètres de Meknez. Il servit en partie de carrières à Moulay Ismaïl pour construire ses palais ; il ne reste debout que trois portiques dont les voûtes tiennent par un miracle d'équilibre. Dans ces ruines recouvertes d'une patine rosée, des tourterelles nichent entre les pierres. Par terre des fûts de colonnes renversées, des blocs de pierre gravée, des chapiteaux sur lesquels, des fleurs, des broussailles poussent pêle-mêle.

A côté de Volubilis et faisant contraste avec la ville romaine se dresse Moulaï-Idriss, la ville sainte musulmane. Pas un européen n'était entré dans cette ville avant le général Moinier, qui y pénétra en juin dernier. La ville est curieusement accrochée sur deux pitons se confondant avec le rocher ; un profond ravin l'isole. C'est Constantine avec la coupure du Rhumel, comme elle dû se présenter au général Clauzel lors de la conquête. Pour arriver à la porte de l'enceinte, on doit grimper un chemin à pic, seul accès de la forteresse ; une double muraille l'entoure, deux portes donnent entrée dans la Zaouïa ; les indigènes nous regardaient sans aménité ; cependant nous fûmes reçus par le Khalifa qui nous offrit du thé, des gâteaux au miel, des fruits et des œufs durs.

Un guide nous conduisit à travers les rues ; devant nous s'étageait la ville, les maisons chevauchant les unes sur les autres ; au détour d'une voie les indigènes nous firent brusquement tourner à droite ; mon mari, qui s'était engagé avec un officier dans une direction opposée, découvrit un endroit d'où l'on surplomblait la mosquée. Un édifice carré, recouvert de tuiles vertes, renferme le tombeau de Moulaï Idriss ; à côté, une grande cour sert aux fidèles pour faire leurs ablutions avant d'entrer dans la mosquée. Les indigènes qui nous entouraient ne cachaient pas leur mécontentement de nous voir plonger nos regards dans le lieu saint.

Après avoir quitté Meknez nous sommes partis vers Fez avec le général Dalbiez, escortés d'un escadron de spahis ; galopant toujours en avant, avec l'état-major, dépassant quelquefois les vedettes nous arrivions après une chaude étape, dans la capitale. Un entassement inouï de maisons s'escaladent l'une l'autre, à peine séparées par des rues étroites ; pas de jardins, partout des constructions. A droite Fez djid, Fez la neuve, quartier riche, où se trouve le palais du Sultan; des jardins magnifiques, irrigués, entourent les demeures des seigneurs; dans les patios (cour intérieure) l'eau coule nuit et jour à gros bouillon dans des vasques de marbre. La ville est dans un fond, dominée de toutes parts, aussi y fait-il une chaleur humide, très pénible en été. Fez à plus de cent mille habitants, autant que l'on peut s'en rendre compte, car le recensement est inconnu. Par le mouvement des rues, des souks, on a bien l'impression d'être dans la *capitale* du Maroc, d'autant que la présence du souverain ajoute encore au mouvement de la rue.

La ville est entourée de murs que nous longeons accompagnés du général Dalbiez et de M. Gaillard, consul de France. Le nom du Consul de France vous est certainement familier: il y a un an presque à pareille date, on se demandait quel était son sort et celui des européens enfermés dans Fez. Le siège de la ville ne fut pas comme certains l'on prétendu, un bluff, mais une tragédie qui aurait pu finir par un drame, sans le dévouement des officiers de notre mission militaire et de notre Consul.

Après avoir séjourné une dizaine de jours dans la cité, nous quittions Fez, chassés par la chaleur de ce torride mois d'août; en effet, le thermomètre marquait 42 degrés à l'intérieur des maisons, température rendue plus pénible encore par le Chergui, vent d'est, analogue au sirroco. Quelques amis faisaient avec nous une partie de la première étape du retour selon l'affectueuse habitude. Cinq jours après nous arrivions à Tanger, en passant par El Ksar, occupé par les Espagnols, et à la fin du mois d'août nous nous embarquions pour Marseille.

Avant de terminer je voudrais vous signaler quelques-unes des richesses du pays : un champ de blé au Sous, région dont la prospérité n'est pas à comparer avec celle des Chaouïa, montre cependant la grande valeur du sol; une zériba de jujubiers épineux défend les cultures contre les passants. Les montagnes de l'Atlas couvertes de neige, envoient l'eau dans les vallées pour irriguer le sol. Car la plus grande caractéristique du Maroc, c'est d'être riche en eau : à côté des torrents de l'Atlas, il y a des oueds qui coulent ce qui change de ceux d'Algérie, le Sebou, par exemple l'Oum-er-Rbia, la mer des herbes. Devant Azzemour, la largeur du fleuve est majestueuse et le courant assez violent pour avoir démoli des maisons qui restent écroulées au bord de l'eau; pour le traverser on se sert de barcasses, manœuvrées par des indigènes et sur lesquelles on empile bêtes et gens dans un brouhaha indescriptible.

Dans la campagne, les laboureurs poussent nonchalemment leur charrue rudimentaire, dont la forme n'a pas changé depuis l'antiquité. Le sillon tracé est peu profond, c'est à peine un grattage du sol, car lorsque les indigènes font un labour sérieux ils enfoncent le soc au moins de huit centimètres ! Et malgré cela, le pays produit des récoltes superbes. L'élevage donnera de bons résultats : les bœufs, surtout ceux du Nord, sont très beaux ; les moutons de belle venue vivent dans la partie la moins riche du Maroc, où ne pousse qu'une herbe assez maigre. Les laines marocaines ne sont d'ailleurs pas inconnues sur les marchés européens ; elles sont cotées sous le nom de laine Ourdighia, nom d'une des tribus qui possède les troupeaux les plus nombreux.

Je m'excuse de vous avoir retenu un peu longuement, mais nous avons fait ensemble près de trois mille kilomètres et il faut un certain temps pour les parcourir. Comme vous avez pu vous en rendre compte, le Maroc est un pays captivant, et pour lequel il n'est pas étonnant qu'on se passionne. Notre voyage eut ceci d'intéressant, c'est qu'il nous a permis de voir, à des moments particulièrement curieux, les différentes régions du versant atlantique. Le Sous, pays réputé dangereux, inabordable, ne nous a pas présenté les difficultés que l'on pourrait attendre : il est au moins aussi sûr que certains quartiers de Paris pendant la nuit. Mon mari et moi, nous n'avons pas revêtu le déguisement marocain et au lieu de l'hostilité prévue, nous avons trouvé presque toujours un accueil assez hospitalier. Lorsqu'un Kaïd nous faisait les présents de la bienvenue, si petit soit-il : des œufs, des bougies, c'était à moi qu'il les adressait ; le mouton était égorgé à mes pieds non par galanterie, car c'est un sentiment peu connu là-bas, mais parce que la femme est considérée comme un être dont il faut se méfier ; elle est capable de jeter un mauvais sort et il est bon de lui faire des cadeaux, d'être aimable, pour éviter ses maléfices ; la galanterie française, au fond, découle peut-être du même sentiment transformé par la civilisation. Notre voyage fut complété par la marche en colonne inattendue pour moi, et cette vie de campagne si nouvelle, ma première période de vingt-huit jours, m'a laissé les souvenirs auxquels je pense, certes, avec le plaisir le plus ému.

D'autres plus qualifiés jugeront la valeur économique du pays, mais d'après ce que j'ai vu, je suis certaine que les efforts français féconderont le Maroc sur lequel germera une nouvelle moisson de gloire qui s'ajoutera au patrimoine, déjà si riche, de la France.

Remerciements aux Conférenciers :

MESDAMES, MESSIEURS,

Le courage et l'endurance dont notre compatriote, et particulièrement sa toute gracieuse compagne, Mme de Lacharrière, ont fait preuve dans cette exploration du Sous, les précieux renseignements qu'ils y ont recueillis, les intéressants clichés qu'ils en ont rapporté, méritent largement les applaudissements que vous venez de leur prodiguer, témoignant hautement de l'intérêt avec lequel vous avez suivi leur itinéraire dans ce pittoresque et fertile Empire du Couchant, où les anciens plaçaient le Jardin des Hespérides, aux pieds du géant Atlas portant le ciel sur ses épaules.

Leur entreprise est venue heureusement compléter celle de ces intrépides voyageurs qui, au prix des plus grands dangers, sont parvenus à découvrir les richesses de ce mystérieux Maroc, enfermé dans son infranchissable muraille de barbarie, et nous ont signalé le haut intérêt national qu'il y avait à diriger de ce côté notre politique de colonisation.

Le marquis de Segonzac, l'un de nos pionniers au pays du Sommeil, que nous eûmes le grand honneur de recevoir en 1902 et 1907 nous disait, dans cette même salle :

« Actuellement, les chancelleries européennes entrevoient le dépècement du Maroc : l'Espagne prendrait le Rif ; l'Angleterre demanderait la neutralisation de la côte entre Tanger et la Ceuta ; l'Allemagne mettrait la main sur le versant de l'Atlantique ; quant à la France, on lui laisserait le Sud et l'Est : le désert et la montagne. Ce serait — ajoutait M. de Segonzac — le plus grand désastre de notre politique coloniale ».

Et il terminait par ces paroles :

18 Juillet 4

« Sachons vouloir et osons affirmer que notre empire Nord-Africain » s'étendra, sans enclaves, de la Tripolitaine à l'Atlantique ».

Félicitons nous que ces patriotiques conseils aient été suivis et deviennent, cette semaine même, une réalité par la ratification officielle de la signature du traité de Berlin.

www.ingramcontent.com/pod-product-compliance
Ingram Content Group UK Ltd.
Pitfield, Milton Keynes, MK11 3LW, UK
UKHW022204190726
13855UKWH00004B/1608

9 782013 055406